Lehrbuch erfolgreicher Nachhilfe-Lehrer

Zum Autor

Dieter Reinecker ist ehemaliger Gymnasiallehrer für Philosophie und Sport. Über sein Pflichtstudium hinaus beschäftige er sich mit der Alternativ-Pädagogik und Kommunikationspsychologie. Nachdem er einige Jahre als Lehrer im Rahmen von Zeitverträgen tätig war, ist er in die freie Wirtschaft gegangen. Parallel gründete er die Nachhilfeschule: Die kleine Schule. Viele Jahre war er als Sportlehrer und Trainer-Ausbilder im Deutschen Sportbund tätig. Als sich der Staat aus der Sportförderung zurückzog, verdiente er seinen Lebensunterhalt als Redakteur, Akquisiteur, Verleger und Lektor, bis er eine Ausbildung als Finanzierungsfachmann und Ausbildungsleiter machte. Nach Jahrzehnten der Selbständigkeit wurde er schwer nierenkrank und dialysepflichtig. Im Krankenbett begann er zu schreiben. Im Jahr 2019 wurde ihm eine neue Niere transplantiert. Er ist verheiratet, lebt und arbeitet in Münster / Westf. In seinen neusten Werken steht die Sprache im Mittelpunkt seines Bemühens, den Menschen ihr wesentliches Medium näher zu bringen. Sein Ziel ist eine selbstkritische, friedensorientierte Persönlichkeit, die sich im Sinne Kant´scher Mündigkeit einer menschenwürdigen Vernunft verpflichtet fühlt.

Dieter Reinecker

Lehrbuch erfolgreicher Nachhilfe-Lehrer

aktiv zuhören - verstehen - üben

Bibliografische Information der Deutschen Nationalbibliothek:
Die Deutsche Nationalbibliothek verzeichnet diese Publikation in der Deutschen Nationalbibliografie; detaillierte bibliografische Daten sind im Internet über http://dnb.dnb.de abrufbar.

Herstellung und Verlag: BoD – Books on Demand, Norderstedt

ISBN: 978-3-7543-2744-9

Inhalt

Zum Buch

Um es gleich vorweg zu sagen: Das Thema des Buches ist nicht eine Diskussion über die Sinnhaftigkeit von Nachhilfe, die berechtigte oder unberechtigte Kritik am Schulsystem oder an der Lehrerausbildung an sich. Es geht hier nur um die Nachhilfe. Sie ist nicht mehr aus dem allgemeinen Eltern-Dasein wegzudenken. Wenn die Nachhilfe generell sinnlos wäre, gäbe es sie nicht. Ganz im Gegenteil, es sind mittlerweile schon Nachhilfe-Schulen entstanden, feste Institutionen, die sich in unserer „Bildungs"-gesellschaft einen festen Platz erobert haben.

Der Einfachheit halber bezeichne ich in diesem Buch alle Personen unabhängig ihrer geschlechtlichen subjektiven oder objektiven Erscheinung als Schüler, Lehrer bzw. als Nachhilfe-Lehrer usw. (Gender hin – Gender her)

Nachhilfe-Lehrer sind in der Regel keine Lehrer. Personen im Schuldienst verfügen über eine universitäre Ausbildung und entsprechende Staatsexamina. Zudem haben sie einen mehrjährigen Referendar-Dienst absolviert, in dem sie nicht nur täglichen Kontrollen von Fachlehrern unterworfen waren, sondern sie haben sich auch in der Unterrichtspraxis erfolgreich bewähren müssen.

Nachhilfe-Lehrer sind meistens Schüler höherer Klassen oder Studenten, die sich nebenher einen Teil ihres Lebensunterhalts dazu verdienen.

Aufgrund dieser unterschiedlichen Voraussetzungen erscheint es mir notwendig, diesen engagierten jungen Personen Mittel und Wege aufzuzeigen, ihren individuellen Unterricht zu verbessern.

Die Vorzüge des Nachhilfe-Lehrers

Ein Gespräch findet bevorzugt unter zwei Menschen statt. Ein Lehrer in der Schule muss sich aber mit der Tatsache abfinden, dass er es prinzipiell immer mit mehr oder wenigen großen bis sehr großen Gruppen von Menschen zu hat. Er unterliegt einer permanenten kommunikativen Überforderung. Nicht so bei einem Nachhilfe-Lehrer. Aufgrund des standardisierten Frontalunterrichts kann ein Schul-Lehrer sich nur sehr bedingt um jeden einzelnen Schüler kümmern, seine individuellen Schwächen oder auch Begabungen erkennen und ggf. fachlich oder pädagogisch eingreifen. Schon an dieser Stelle werden die Vorteile eines Nachhilfe-Lehrers deutlich. Er kann sich auf die Bedürfnisse eines einzelnen Schülers einstellen. Der Nachhilfe-Lehrer ist eher in der Lage, einem Schüler beratend zur Seite zu stehen. Darum ist meines Erachtens der Wert eines Nachhilfe-Lehrers sehr viel höher anzusetzen, als bisher allgemein angenommen wird. Daher empfehle ich, den Begriff des Nachhilfe-Lehrers umzuwandeln in den Begriff eines *Lern-Beraters*. Dieser Begriff kommt nämlich seiner eigentlichen Aufgabe als zusätzlicher Betreuer von jungen Schülern näher. Beim Begriff des Nachhilfe-Lehrers wird dem Lern-Berater unausgesprochen eine Art von Lückenbüßer unterstellt, der eigentlich überflüssig ist und die „Mangelhaftigkeit" eines Schülers beheben soll. Dagegen bin ich der festen Überzeugung, dass nicht nur die Schulklassen viel zu groß sind, sondern dass Lern-Berater eigentlich in jede Schule gehören und zwar als integraler Bestandteil des täglichen Unterrichts. Ich war als Schüler einige Jahre in einem Internat und nachmittags war immer ein Lehrer als Ansprechpartner im Raum. Das war eine sehr gute Einrichtung, die allen zu Gute kam. Heutzutage kommt dem Lern-Berater die Funktion zu, die institutionellen Mängel der Schule auszugleichen. Aber warum kann ein Lern-Berater überhaupt solche Schulmängel ausgleichen? Weil er zwei besondere Vorteile genießt: Er hat es in der Regel mit nur einem Schüler zu tun und er studiert mit ihm gemeinsam in dessen häuslichem Umfeld.

Zuhause beim Schüler

Im Allgemeinen findet der sogenannte Nachhilfe-Unterricht in der Wohnung des Schülers bzw.

seiner Eltern statt. Bei optimalen Voraussetzungen macht ein Schüler seine Hausaufgaben an seinem eigenen Schreibtisch in seinem eigenen Zimmer. Nicht selten kommt es vor, dass Hausaufgaben in der Küche und unter störenden Umständen absolviert werden müssen. Kleinere Geschwister toben umher und / oder die Mutter hantiert in der Küche und mischt sich ungefragt in den Unterrichtsprozess ein. Ein selbstsicherer und erfahrener Lern-Berater erkennt diese häuslichen Lernbedingungen und versucht mit aller Vorsicht und Einfühlungsvermögen, diese Situation für seinen Schützling zu verbessern. Ein Schul-Lehrer hat weder solche privaten Einblicke, noch kann er sie ansprechen, geschweige denn korrigieren. Verfügt der Schüler über ein eigenes Zimmer und einen eigenen Schreibtisch, erkennt ein guter Lern-Berater an der Ordnung, Unordnung und Priorisierung von potentiellem Lernmaterial, wie die Interessenslage beim Schüler tatsächlich aussieht. Hier können sich zum Beispiel Ansatzpunkte für ein Gespräch ergeben, um den Schüler aus seiner spezifischen Interessenslage abzuholen und eine Beziehung zu ihm aufzubauen. Kein Interessensgebiet hat nichts mit der Schule zu tun. Es gibt reichlich Anknüpfungspunkte, um herauszufinden, wofür der Schüler vielleicht sogar „brennt" und darum seine „Schularbeit" vernachlässigt. Junge Menschen empfinden oft eine Diskrepanz zwischen der Schule und ihrem Leben. Dumme Sprüche von Erwachsenen und das bestehende Schulsystem begünstigen noch diese Denkhaltung. Non scolae, sed vitae discimus (Nicht für die Schule, sondern fürs Leben lernen wir) ist eine solche Irreführung. Da kann sich ein jeder einmal seine eigenen Gedanken darüber machen.

Notengebung

„In einer deutschlandweiten Studie aus dem Jahr 1999 wurden derselbe Deutschaufsatz und dieselbe Mathe-Arbeit von verschiedenen Lehrern mit Noten von sehr gut bis mangelhaft beurteilt. Über 1000 verschiedener weiterführenden Schulen nahmen an der Studie teil. Im Rahmen einer IGLU-Studie (Internationale Grundschullese-Untersuchung) konnte bewiesen werden, dass es zwar einen Zusammenhang zwischen Note und Leistung gibt, dieser aber nur unzureichend ist. ... In Finnland, dem Land, das nach wie vor an der Spitze der Leistungsvergleiche steht, legen die Schüler **die ersten verbindlichen Tests** erst mit 16 Jahren ab. Damit ist zwar kein Kausalzusammenhang bewiesen, wohl aber, dass Schulen ohne Benotung effizient sein können. ... Entscheidend scheint vielmehr zu sein, wie intensiv leistungsschwache aber auch leistungsstarke Schüler gefördert werden, wie motiviert die Lehrer sind

11

und wie hoch die Gesellschaft insgesamt Schule und Bildung wertschätzt." (1) Ein Lern-Berater hat glücklicherweise nicht die Notwendigkeit, Noten bzw. Zensuren zu verteilen. Noten als scheinbar pädagogisches Mittel wirken sich kontraproduktiv auf die Betroffenen aus. In Finnland kommt man ohne Noten bis zum 16. Lebensjahr in den Schulen aus und selbst eine derart konservative Zeitung wie die WELT muss zugestehen, dass „Schulen ohne Benotung effizient sein können", wie sie schreibt. Ich will an dieser Stelle nicht eine ausufernde Diskussion über die Notengebung an sich entfachen, sondern mich auf meine eigenen Erfahrungen und Erkenntnisse beschränken. Noten sind ein Machtfaktor im Unterricht. Die Macht des Einen ist die Machtlosigkeit des Anderen. Die psychische Ebene der Macht beim Machtlosen nennt man Angst. Es ist psychologisches Allgemeingut, dass der Mensch unter Angstzuständen jeglicher Art nur sehr schlecht lernen kann. Ein angstfreier Raum wäre eine ideale Lern-Atmosphäre. Dieser besondere Vorteil kommt dem Lern-Berater zugute. Die bewusst geschaffene Angstfreiheit im finnischen Schulalltag ist die wesentliche Ursache und erkannte Voraussetzung des flächendeckenden Lernerfolgs – nachgewiesen sogar im internationalen Vergleich.

Man mag es sich kam vorzustellen, aber selbst Mathematik-Studenten fangen an zu stöhnen, wenn ihr Uni-Prof sie auffordert, mit dem Kopf zu rechnen und den Taschenrechner in der Tasche zu lassen. Sonderbarerweise hat die Mathematik ein allgemein schlechtes Image in der Bevölkerung. Viele verbinden mit der Mathematik schlechte Erinnerungen aus der Schulzeit. Ungeachtet aller Ursachen und Bedingungen ist es mir an dieser Stelle ein herausragendes Anliegen, Grundsätzliches zu klären: Die Mathematik ist weder Quälerei noch Zauberei. Sie ist eine konstruierte, quasi erfundene Sprache. Sie geht von zum Teil willkürlich festgelegten Voraussetzungen (Axiomen) aus und baut eigene Strukturen auf. Solche Strukturen nennt man bei den Sprachen „Grammatik". Aber dazu später. Die Grundlage der Mathematik ist die Gleichung, eigentlich eine Selbstverständlichkeit, dass das Gleiche gleich ist. In der Mathematik heißt das nichts Anderes als 1 gleich 1. Alle noch so komplizierten Gleichungen, ob binomische Formeln, Sinus-, Cosinus- oder Tangens-Gleichungen, Vektor-Berechnungen, Algorithmen usw. sind richtig, wenn Gleichungen die Gleichheit hervorbringen. Mathematiker haben zu allen Zeiten versucht, Zahlen-Verhältnisse zu vereinfachen. Warum soll ich eine Zahl immer und immer wieder addieren, wenn ich sie auch einfach multiplizieren kann. Der Schüler ist aber immer wieder gefordert, die jeweilige Vereinfachung zu **verstehen**. Hat er sie verstanden, hat er die **Struktur** der Vereinfachung durchschaut, kommt es nun darauf an, diese vereinfachte Struktur zu **üben**. Erst hier fängt das eigentliche Problem beim Schüler an. Denn „üben" ist nichts anderes als „wiederholen", immer und immer wieder dasselbe oder Ähnliches machen. Darum unterscheide ich beim Lernen zwischen **verstehen** und **üben**. Diese Unterscheidung sollte einem Lehrer und einem Lern-Berater immer bewusst sein. Bei der Erfassung einer neuen Vereinfachungsstruktur kann der Lern-Berater die fehlenden Voraussetzungen oder Informationen / Lücken erkennen und somit auflösen, bevor der Schüler darangeht, eine neue Struktur durch permanentes Wiederholen einzuüben. Der Lern-Berater hat also auf der einen Seite die Aufgabe, die neue Struktur dem Schüler verständlich zu machen, so dass er sie versteht, und auf der anderen Seite die Wiederholungsprozesse so lange zu begleiten, bis diese das Unterbewusstsein erreicht haben. Dann wird dem Schüler das Gelernte als einfach erscheinen. Der Mensch denkt ja auch nicht: Jetzt nehme ich das linke Bein, danach das rechte usw. sondern er läuft einfach.

Fremdsprachen

Eine Fremdsprache sollte keine fremde Sprache sein. Der Ausdruck „Fremdsprache" ist sehr unglücklich gewählt und vermittelt unterbewusst irgendwie eine Abneigung oder Ablehnung. Dabei ist das Verstehen einer anderen Sprache ein enormer Gewinn an Lebensqualität und Freude. Es macht richtig Spaß, wenn man die englischen Songs oder auch französischen Lieder seiner Stars plötzlich versteht. Hinter jeder Sprache verbergen sich unbekannte Lebensgefühle, neue Weltansichten, andere Kulturen usw. Über die Sprache lernt man nicht nur andere Menschen kennen, sondern auch andere Menschen zu verstehen. (Als Oberstufenschüler hatte ich eine französische Freundin!) Warum tun sich aber so viele Schüler so schwer, eine neue Sprache zu lernen? Weil die Schulklassen viel zu groß sind und ein einzelner Schüler viel zu selten drankommt, die neue Sprache im Unterricht zu sprechen, also zu üben. „Sprache" kommt von Sprechen, nicht von „Schreibe" oder „Lese". Als ich drei Wochen im Rahmen eines Schüleraustausches in Frankreich bei einer Familie verbrachte, in der keine Person deutsch sprach, habe ich nach diesen drei Wochen französisch geträumt. Interessanterweise hatte keiner in dieser Familie mich mit Grammatik gequält. Ich habe die Sprache durch Sprechen gelernt. Ich hatte ein Gefühl für die Sprache entwickelt. Sie war ins Unterbewusstsein gedrungen und daher brauchte ich nicht mehr zu überlegen, welches Wort ich übersetzen musste. Die Sätze kamen quasi automatisch.

Um eine Sprache in ihrer andersartigen **Struktur** zu **verstehen,** ist es ähnlich wie in der Mathematik.

Grammatik ist eine Methode, die fremde Sprachstruktur im Unterschied zur Struktur der Muttersprache besser zu verstehen. Über die Grammatik wird eine neue Sprache nicht gelernt, sondern nur besser verstanden. Auffällig ist die Gemeinsamkeit von Mathematik-Lernen und Sprache-Lernen. Mithilfe der jeweiligen **Struktur -** auf der einen Seite die Vereinfachung und auf der anderen Seite die Grammatik - wird das jeweilige Fachgebiet besser **verstanden.** Das **Üben** des Verstandenen besteht aus einer permanenten **Wiederholung,** bis das Geübte (mal wieder) ins Unterbewusstsein Eingang gefunden hat, also in „Fleisch und Blut" übergegangen ist. Wer rechnet oder französisch spricht, ohne Nachdenken zu müssen, beherrscht das „Sujet". Eine neue Sprache zu lernen, ist letztlich nichts anderes, als diese Sprache auswendig zu lernen. Das ist mühsam, aber effektiv.

Thema: Unterricht

Die Bibliotheken sind voll von pädagogischer und didaktischer Literatur. Mein besonderes Interesse gilt aber hier dem jungen Lern-Berater. Für ihn ist eine grundlegende Unterscheidung im Bereich Unterricht bzw. Lehren und Lernen wichtig und zielführend für den täglichen Gebrauch. In den vorigen Kapiteln habe ich es schon mehrmals angedeutet. Folgende Unterscheidung ist sehr hilfreich: *Verstehen* und *üben*.

Beim Verstehen erlebt man häufig dieses Aha-Gefühl. „Jetzt verstehe ich das Ganze. Jetzt weiß ich, worum es geht." So oder ähnlich sind die Reaktionen.

Wie entsteht aber Verstehen überhaupt?

1. Man benennt (ehrlich) die Tatsache, dass Menschen irgendwann irgendetwas einfach festgelegt haben: ein Maß, einen Wert, ein Axiom (z.B. 360 Grad). Das muss man nicht verstehen, sondern einfach nur akzeptieren.

2. Man setzt verschiedene Sachverhalte in Beziehung (Substantiv - Adjektiv oder „a" gleich eine bestimmte Zahlenmenge oder die Ausbeutung der Bauern zur Revolution). Die Offenlegung von Zusammenhängen schafft Erkenntnisse, macht Verstehen möglich. Ohne diese Verknüpfung von Zusammenhängen bleibt der eigentliche Sinn verborgen.

3. Verstehen entsteht durch die Unterscheidung von **Behauptung** und **Argument**. Eltern, Lehrer, Politiker tun sich häufig sehr schwer, ihre Behauptungen mit Argumenten, Belegen und Beweisen zu unterlegen, obwohl ihre Behauptungen erst dadurch verstehbar würden, aber allzu oft auch entlarvt werden könnten. Wer kennt ihn nicht, den Spruch aus der Sesam-Straße: „Wer nicht fragt warum, bleibt dumm." Die Antwort auf die immer berechtigte Frage nach dem „Warum" legt entweder offen, dass es sich „nur" um ein Axiom, eine Annahme (Behauptung) oder ein belegbares Argument handelt.

Der zweite Komplex des Lernens, also, was man verstanden hat, ist das **Üben**. Ein Sportler z. B. übt nicht am Anfang die schwerste Übung, sondern er fängt mit der einfachsten an. Das ist in der Mathematik auch nicht anders, wird aber gerne vernachlässigt, weil ein Lehrer oder Lern-Berater auch die schwierigen Aufgaben beherrscht. Er ist verführt, von sich auf andere zu schließen. Ein weiterer Aspekt des Übens ist die häufig langweilige **Wiederholung**. Die Werbung macht sich die Erkenntnis, dass der Mensch durch **Wiederholung** eine Information im Kopf behält, zunutze. Ein Werbespot wird solange **wiederholt**, bis er sich unauslöschbar im Gehirn festgesetzt hat. Jeder kennt genug Beispiele, auf die ich hier aber bewusst verzichte. Eine Handvoll neuer Vokabeln zu lernen, ist gar nicht schwer. Schwer wird es nur, wenn man glaubt, sie nach einem Male des Durchlesens schon zu beherrschen.

Nehmt - rein theoretisch - einmal ein Päckchen von 10 neuen Vokabeln: deutsch – englisch, und lest diese 100mal (einhundert, nicht 10, 20 oder 30 oder 50 usw., sondern wirklich 100mal) laut vor. Diese 10 Vokabeln hängen euch bald quasi „zum Halse" heraus. Ihr könnt mit Sicherheit schon nach 30 **Wiederholungen** alle neuen Vokabeln auswendig hersagen. Diese qualvolle Prozedur hat allerdings nichts mit Intelligenz zu tun, sonst würde die Werbung ja nur intelligente Menschen ansprechen und manipulieren können. Die Anstrengung für eine Durchführung solcher **Wiederholungsprozeduren**, ob in Mathe-Übungen oder Vokabeln-Lernen, nennt man Fleiß.

Zusammenfassend kann man sagen: Lernen besteht aus **„verstehen"** und **„üben"**. An dieser Stelle kann deutlich werden, welche Aufgabe einem Lern-Berater im Wesentlichen zukommt: Er berät einen Schüler beim **Verstehen** und beim **Üben**. Er kann diese Bereiche unterscheiden und an der passenden Stelle gezielt eingreifen.

Wenn man über die Sprache spricht, nennt man dies „Meta-Kommunikation". Erkenntnisse über etwas durch sich selbst zu machen, ist ein bisher ungelöstes philosophisches Problem. Der Effekt bei der Beschäftigung mit dieser übergeordneten Ebene ist Bewusstsein. Sprache wird u.a. ein gesellschaftliches Phänomen, wenn sie als Manipulation missbraucht wird. Aber Sprache wird auch zur Therapie genutzt – in der Sprachtherapie, die psychisch kranke Menschen heilen kann. Sprache wird als Drohung oder Befehl missbraucht. Sprache kann zu Krieg und Massenmord führen. Sprache kann Frieden schaffen. Seit Jahrtausenden beschäftigen sich Philosophen mit der Sprache und suchen nach grundlegenden Prinzipien, nach denen sich die Menschheit richten sollte. Ein solches Prinzip hat der Philosophie-Professor Hans-Georg Gadamer (2) formuliert: „Der andere könnte auch Recht haben." Wer mit diesem Anspruch in ein Gespräch eintritt, lässt den anderen nicht nur aussprechen, sondern hört ihm aufmerksam zu und versucht, ihn zu verstehen. Wenn dieses Prinzip von Gadamer jeder Politiker, Lehrer, Vater oder Mutter, jeder Polizist, jeder Mensch anwenden würde, sähe die Welt völlig anders aus.

„Der andere könnte auch Recht haben." Es ist meiner Ansicht nach der schönste, liebenswerteste, menschlichste Satz der Sprache.

Die Tragik des Pädagogen

Ein Mensch ist erwachsen geworden. Er hat alle Schulabschlüsse, seinen Beruf erlernt und besitzt einen Führerschein. Was geschieht also nun mit seinen Eltern und Lehrern. Er hat sie nicht mehr nötig. Das ist seine Sichtweise. Aus der Perspektive der Eltern und Lehrer erscheint die Sachlage völlig anders. Sie stehen da, einfach so und sind nun überflüssig. Warum? Weil sie ihr Ziel erreicht haben. Ihr Ziel war es, um in dieser Formulierung zu bleiben, sich überflüssig zu machen. Diese Erkenntnis macht Lehrer und Eltern glücklich und traurig gleichzeitig. Sie freuen sich, dass ihr „Sprössling" nun erwachsen ist und für sich selbst sorgen kann, usw. Auf der anderen Seite ist es für Eltern und Lehrer schmerzhaft, „loszulassen". Im kleineren Rahmen ergeht es so auch einem Lern-Berater. Hat ein bestimmter Schüler seine Lücken wieder aufgefüllt, schreibt gute Mathe-Arbeiten, sind die Eltern glücklich und der Lern-Berater kann „gehen". Er hat seine Aufgabe erfüllt, sein Ziel, sich überflüssig zu machen, ist erreicht. Er freut sich nun über den nächsten Nachhilfe-Schüler.

Lernen lernen

Es ist eine verkürzte Wahrnehmung der Aufgabe eines Lernberaters, „nur" die Wissenslücken des jeweiligen Schülers aufzudecken und auszumerzen. Der Lern-Berater - und darum habe ich bewusst diesen Begriff gewählt – hat im wesentlichen über die fachlichen Aspekte hinaus die Aufgabe, den Schüler in die Lage zu versetzen, selbständig lernen zu können, zu wissen, wie man lernt. Sollte ein Schüler das nicht können, müsste er ja zeit seines Schülerdaseins einen Nachhilfe-Lehrer in Anspruch nehmen. Aber was heißt das konkret für den Lern-Berater? Auch der Schüler sollte wissen, dass man unterscheiden sollte zwischen **Verstehen** und **Üben**. Im Bereich des Verstehen sollte er den Mut haben und die Einsicht in die Notwendigkeit, solange nachzufragen oder nachzusuchen, bis er das Verstehens-Problem gelöst hat. Wenn er den Sachverhalt schlüssig erfasst hat, kann er dazu übergehen, den neuen Bereich zu üben, also solange zu **wiederholen**, bis er ihn ohne Nachzudenken beherrscht. **Mut**, Fragen zu stellen, und **Geduld** beim Üben sind wesentliche Nebeneffekte des Lernen-Lernens.

Motivation und Philosophie

Motivation ist ein Begriff, der in der Pädagogik bedauerlicherweise vernachlässigt wird. Warum macht ein Mensch etwas? Er hat ein Motiv oder er ist motiviert. Grundlagenforscher der Psychologie sagen nun folgendes, was mir sehr wichtig erscheint: Letztlich gibt es im tiefsten Innern eines Menschen nur zwei Ursachen von Motivationen: **Angst vor Verlust** und **Aussicht auf Gewinn**. Dabei soll nach Ansicht der Fachleute die Angst stärker wirken als ein möglicher Gewinn. Das klingt einleuchtend.

Dass Angst jedes Lernen (verstehen und üben) behindert, wissen wir mittlerweile. Das „Operieren" mit Angst überlassen wir den Politikern, Lehrern und Eltern. Als Lern-Berater versuchen wir die sogenannte intrinsische Motivation zu fördern. Den Gegensatz zur intrinsischen nennt man extrinsische Motivation. Diese „arbeitet" aber im Wesentlichen mit der Angst, häufig eher verdeckt als offen. Die intrinsische Motivation hat etwas mit Freude, Spaß, Unterhaltung, Freunde und Interesse zu tun: Fußball-Spielen, Tanzen, am Computer spielen, Musik machen oder hören, sich mit Freunden treffen, usw. …

Die jungen Menschen sehen in ihrem freudvollen Handeln einen Sinn und für sich einen Gewinn. Sie sehen ihn aber nicht im Vokabeln-Lernen, im Sinus oder Cosinus, binomischen Formeln, in der chemischen Zusammensetzung von unterschiedlichen Elementen, usw. Dieses Dilemma kann ein einzelner Lern-Berater nicht lösen. Aber er kann versuchen, die Trennung von Schule und Lebenswirklichkeit in Ansätzen aufzulösen und in einzelnen Aspekten des schulischen Inhalts ihren entsprechenden Sinn ins Bewusstsein zu rücken. Hier kommt wieder der Begriff des Zusammenhangs ins Spiel, der schon den Weg zum Verstehen öffnete. Erschließt sich über die Zusammenhänge für den Schüler ein Sinn von Schule in Bezug auf den Alltag des Schülers, ist der erste Schritt getan, die Schule als eine ansatzweise sinnvolle Institution zu begreifen. Und es gibt viele Zusammenhänge, wie z. B. der allseits beliebte PC oder das Smart-Phone. Wie kamen Menschen auf die Idee, einen Computer zu konstruieren? Diese Frage könnte man ja auch mal googlen. Das Internet bietet ja mittlerweile mehr Input-Möglichkeiten als die Schule, als ein Unterricht durch einem dozierenden Lehrer, den man noch nicht einmal gebeten hat, sein (einseitiges) (Fach-) Wissen vorzutragen. Ein guter Lern-Berater hilft einem Schüler bei der Suche nach sinnvollen Informationen und Inhalten. In diesem Punkt befindet sich die heutige Schule noch im Mittelalter. Man kann nicht alles wissen, aber man sollte wissen, wo das Wissenswerte steht und wo und wie man es findet. Nimm einen Schüler, der in einem Fach offensichtliche Lücken hat, mal mit ins Internet und suche mit ihm die Lösungen seiner Probleme. Seine Motivation wird steigen, die Forschung wird inhaltlich und intrinsisch. Es bleibt nicht aus, dass man auf weitere Informationen stößt, die über das Gesuchte hinausgehen. Welcher Lehrer oder Hochschullehrer erklärt die Sinus-Gleichungen am besten? Was heißt eigentlich Sinus? Und schon sind wir in der arabischen Geschichte, in einer „Fremdsprache" und müssen feststellen, dass Menschen schon vor Tausenden von Jahren mit einem bestimmten Winkel die Langenverhältnisse der gegenüberliegenden Seiten eines rechtwinkligen Dreiecks benannt haben. Die Winkelseite sieht aus wie gespannter Bogen von Indianern und solch ein Bogen hieß bei den Arabern „Sinus". Mathe, Sprache, Geschichte, Zusammenhänge, mehr verstehen, das bedeutet Lernen. Und das macht Spaß. Wir machen keine „Schularbeiten", wir entwickeln unsere Persönlichkeit, wir werden Kulturwesen, wir werden Menschen, die Bescheid wissen und sich nicht belügen lassen. Wissen, Bildung und Bewusstsein machen das Leben sinnvoll. In den 70 er Jahren standen noch Begriffe in der Curricula der Oberstufe für Gymnasien wie die zur **Selbstkritik** und **Gesellschaftskritik**. Die Gesellschaft braucht selbstkritische und gesellschaftskritische Kinder, Menschen, die den neuen Herausforderungen gewachsen sind. Viele Jugendliche wehren sich intuitiv gegen die zunehmende Verschulung der Bildung. Wenn sie dann diese „Anstalten" missbilligen und verweigern, werden sie „ausgesourct" und sollen mithilfe von Nachhilfe-Lehrern wieder „eingegliedert" werden. Solche Schüler sind nicht unmotiviert, sondern anders motiviert. Ein guter Lern-Berater sollte gesellschaftskritisch sein und diese Zusammenhänge verstehen, um die jungen Menschen in ihrem Spannungsfeld zwischen den gesellschaftlichen Ansprüchen und der eigenen Persönlichkeitsentwicklung zu erkennen und zu akzeptieren.

Über das Aktive Zuhören

In der Regel sind „Nachhilfe-Lehrer" oder in meiner Begrifflichkeit „Lern-Berater" Schüler höherer Klassen oder Studenten, also keine ausgebildeten Lehrer. Diesen Umstand kann man sowohl als Nachteil aber auch als Vorteil sehen. Auf jeden Fall passt der gängige Begriff „Nachhilfe-*Lehrer*" nicht. Ich muss zudem leider gestehen, dass selbst in der offiziellen Lehrer-Ausbildung die Erkenntnisse der Kommunikationspsychologie kaum eine Rolle spielen. Da erscheinen mir Verkaufsschulungen schon weiter zu sein.

Ein Blick in Wikipedia ist zur Begriffserklärung sehr hilfreich. Dort findet man unter dem Suchwort „Aktives Zuhören u. a.:

„Der US-amerikanische Psychologe und Psychotherapeut Carl Rogers hat das Aktive Zuhören erstmals als Werkzeug für die Klienten-zentrierte

Psychotherapie (Gesprächspsychotherapie) beschrieben. Seine von einem humanistischen Menschenbild geprägte Arbeit legt besonderen Wert auf Begegnung: Sie schließt die emotionale Ebene, nonverbale Äußerungen und gegenseitiges prinzipielles Wohlwollen ein." (3)

Da du eventuell das erste Mal über das Aktive Zuhören etwas liest, möchte ich darauf hinweisen, dass es sich hierbei nicht einfach nur um das bekannte Zuhören handelt, sondern um einen bewussten Sprechakt, der in der Sprachtherapie sogar zur Heilung gebraucht wird. Aber worum geht es eigentlich beim „Aktiven Zuhören"?

Dazu ein Beispiel aus dem täglichen Leben: Du gehst in eine Bäckerei und bestellst folgendes: „Ich hätte gerne drei Brötchen." Die nette Verkäuferin nickt und sagt: „Drei Brötchen. Gerne." Du nickst nun auch und bestätigst dadurch, dass die Verkäuferin dich richtig verstanden hat. Aber auch die Verkäuferin hat durch Ihre Zustimmung die Bestätigung bekommen, dass auch sie deinen Wunsch richtig verstanden hat. Achte im Alltag mal darauf, wie häufig es vorkommt, dass Gesprächspartner mittels Wiederholung bestätigen, dass sie sich verstanden haben. Das klingt alles sehr einleuchtend und einfach.

Aber dieses ehrliche Verstehen-Wollen in einer angenehmen Atmosphäre nennt man in der Fachwelt „Giraffensprache". Marshal B. Rosenberg hat sie so genannt in Hinweis darauf, dass die Giraffe das größte Herz aller auf dem Land lebenden Säugetiere hat.

Die Giraffensprache steht für eine gewaltfreie Kommunikation. Im Gegensatz dazu gibt es die sogenannte „Wolfssprache", wie Rosenberg sie titulierte. (4)

Ich verwandele jetzt mal das kleine Gespräch in der Bäckerei in die Wolfssprache: Die nette Verkäuferin sagte: „Drei Brötchen. Gerne." Der Kunde sagt nun aber: „Habe ich mich nicht klar ausgedrückt? Oder habe ich Schnitzel gesagt?" Die Verkäuferin gibt ihm ohne weitere Bemerkung die gewünschten drei Brötchen.

Im ersten Beispiel bleibt nicht nur die angenehme Atmosphäre erhalten, sondern auch die Bereitschaft, weiterhin zu kommunizieren. Im zweiten Gespräch wird sowohl die Atmosphäre als auch die Kommunikation gestört, sogar vorzeitig beendet. Was hier so einfach klingt und nachvollziehbar erscheint, war das Ergebnis jahrzehntelanger Forschungsarbeit. Marshal B. Rosenberg hat mittlerweile weltweit über 35 Institute gegründet. Auch Rogers Erkenntnisse wurden um den Globus verbreitet. In Wuppertal gibt es z. B. ein Institut, das Rogers Ideen weiterentwickelt hat, seine Theorien unterrichtet und ein sehr hohes Ansehen genießt. Meiner Ansicht nach konnte bisher die Methode des Aktiven Zuhörens in der Schule nicht Fuß fassen, weil sie im Gegensatz zu einem selektiven und hierarchisch strukturierten Unterricht steht. Ich sehe also in der Situation des Lern-Beraters einen besonderen Vorteil darin, dass er nicht mithilfe von Noten Macht demonstrieren muss, sondern alle sprachlichen Möglichkeiten nutzen darf und sollte, die Kommunikation zu fördern und die Beziehung zum Schüler auszubauen. Ich hatte das außergewöhnliche Glück, im Rahmen meines damaligen Referendar-Dienstes zum Gymnasial-Lehrer das Aktive Zuhören zu lernen und im Unterricht anwenden zu dürfen. Aufgrund positiver Erfahrungen bin ich zu der festen Überzeugung gelangt, dass eigentlich das Aktive Zuhören *der* wesentliche Bestandteil des Umgangs mit Menschen und damit auch oder gerade im Unterricht sein sollte. Interessanterweise hat das Aktive Zuhören schon sehr früh Eingang in die Ausbildung von Pflegeberufen gefunden und ist auch aus der Gesprächstherapie nicht mehr wegzudenken. Darum ist auch hier in diesem Buch das Aktive Zuhören das eigentliche Thema, da gerade der Lern-Berater und damit sein Schüler davon profitieren.

Das eigentliche Thema des Buches ist also das Gespräch. Anhand von Beispielen und **Wiederholungen** wichtiger Sätze versuche ich, dich und alle anderen Lern-Berater auf bestimmte

Feinheiten der Sprache aufmerksam zu machen und zu sensibilisieren. Mir geht es darum, mögliche Fehler beim eigenen Sprechen zu erkennen und diese auf Dauer zu vermeiden. Dieser Weg ist zwar lang, führt aber zum Erfolg, der sich letztendlich nicht nur in besseren Noten, sondern auch in einem tieferen Verständnis des jeweiligen Schulfachs niederschlägt.

Ganz bewusst lasse ich alle fremdartigen Ausdrücke weg. Ich will auch nicht wissenschaftlich erklären, warum etwas so oder so funktioniert. Dass es funktioniert, weiß ich.

Wie soll man mit dem Buch umgehen?

Der Hauptteil besteht aus dreizehn Kapiteln. Jedes Kapitel beschäftigt sich mit der Darstellung eines gängigen Gesprächsstörers aus der Wolfssprache. Zu Beginn eines jeden Kapitels werden die wichtigsten Merkmale des Aktiven Zuhörens **wiederholt**, damit sie sich dem Leser einprägen. Es ist empfehlenswert, alle dreizehn Kapitel laut zu lesen, gerade auch die regelmäßigen **Wiederholungen** von Kapitel zu Kapitel. Zum Schluss gibt es noch Zusammenfassungen und Übersichten. Auch das „Aktive Zuhören" muss man üben, also immer wiederholen. Dieses Buch kann man immer wieder zur Hand nehmen, um sein Aktives Zuhören zu verbessern. Mit der Zeit wird das „Aktive Zuhören" in Fleisch und Blut übergehen und die Gespräche werden immer besser und bereiten Freude - Erfolg eingeschlossen.

Das Aktive Zuhören

Aktives Zuhören ist die bekannteste Möglichkeit, die Kommunikation entscheidend zu verbessern. Als Aktives Zuhören bezeichnet man das Bemühen, sich in die Gefühls- und Gedankenwelt des Gesprächspartners einzufühlen. Wichtig ist dabei, dass man die eigenen Bewertungen zunächst völlig außeracht lässt. Anstatt diese eigenen Ansichten und Bewertungen in das Gespräch einzubringen, sollte man versuchen, das Wesentliche dessen, was der Gesprächspartner verbal und nonverbal ausgedrückt hat, mit **eigenen Worten** aufzugreifen und dabei auch die hinter den Schilderungen sich abzeichnenden Gefühle mit anzusprechen. Bei Verständnisschwierigkeiten sollte man nachfragen, damit man den Schüler möglichst gut versteht.

Dieses Gesprächsverhalten hat besondere Vorteile:

1. Der jeweilige Zuhörer muss sich auf den Schüler und auf das, was dieser sagt, wirklich konzentrieren.
2. Der Zuhörer muss den Schüler ernstnehmen.

3. Der Schüler kann an den Äußerungen des Lern-Beraters erkennen, ob er überhaupt richtig verstanden worden ist.
4. Das Gespräch bekommt Tiefe, weil derjenige, der über seine Erfahrungen, Gedanken und Gefühle sprechen kann und dabei erlebt, dass er genau verstanden wird, zu immer weiter vordringenden Erkenntnissen bzw. Problemlösungen gelangt.

Aktives Zuhören signalisiert dem Schüler:

1. Ich bin an dir interessiert und an dem, was du sagst.
2. Erzähle mir noch mehr.
3. Ich möchte dich gerne verstehen und noch besser erfassen, was du meinst.

Aktives Zuhören kann sich äußern,

- indem man das, was verbal oder nonverbal ausgedrückt wird, mit eigenen Worten umschreibt und dabei auch die vermuteten Gefühle anspricht
- durch Zusammenfassen des Gesagten
- durch klärendes Nachfragen
- indem man Zusammenhänge aufzeigt.

Mit dem Buch lernen

Dieses Buch hat eine wiederkehrende Struktur, um das Lernen und Zurückblättern zu erleichtern.

Tipps sind Ratschläge und Ratschläge sind Schläge, also Gesprächsstörer. Aber ich führe hier jetzt kein Gespräch, sondern schreibe meinen Lesern.

Bitte versucht zuzuhören. Du wirst bei einigen Schülern wiederkehrende Ausreden oder Einwände hören. Schreibe diese einmal zuhause auf und suche nach passenden Gesprächsförderern.

Auch das **Aktive Zuhören** muss man üben.

Formuliere selbst eigene Gespräche und schreibe sie auf.

Während der Einübungs- und Trainingsphase, die erfahrungsgemäß einen längeren Zeitraum beansprucht, entsteht häufig der Eindruck einer unechten Gesprächshaltung. Dies lässt sich kaum vermeiden. Entscheidend ist aber das Ziel, das Einfühlungsvermögen, die Empathie, so zu verbessern, dass eine echte Gesprächshaltung entsteht. Am Anfang kann man sich z. B. auf den Beginn eines Gespräches konzentrieren. Man kann nicht alles auf einmal lernen, sondern nur nach und nach.

Man kann sich zum Beispiel vornehmen, pro Tag nur einen „Gesprächsstörer" zu nehmen, um an ihm zu lernen und zu üben und wie man ihm am besten begegnet.

Dieses Buch kann man zwar schnell durchlesen und meinen, dass man das alles ja kennt, aber dem ist nicht so.

Wir alle sind in dieser Gesellschaft durch Familie, Schule und Beruf zur Wolfssprache erzogen worden. Von Natur aus liegt uns die Giraffensprache aber viel besser. Unter Empathie versteht man die Fähigkeit, sich in den anderen hineinversetzen zu können. Doch was passiert eigentlich, wenn wir in einem Gespräch uns tatsächlich in die Gedanken- und Gefühlswelt eines Schülers hineinversetzen? Die Antwort ist so einfach wie schwer: Wir bauen eine Beziehungsebene auf. Nur wenn eine Beziehungsebene zwischen dir und dem Schüler besteht, wird Unterricht erst möglich, ohne eine ehrliche Beziehung sogar unmöglich. Was eigentlich der Begriff „Unterricht" bedeutet, kannst du für dich beantworten, wenn du das Buch insgesamt gelesen und natürlich auch verstanden hast.

Aber zurück zum Begriff der Beziehungsebene. Eine alte pädagogische Weisheit besagt:

Beziehungsebene geht vor Inhaltsebene.

Dieser Satz ist so wichtig wie das ganze Buch über das „Aktive Zuhören". Also haltet immer im Hinterkopf den Anspruch bereit:

Ich will die Beziehung zum Schüler aufbauen.

Da geht übrigens kein Weg dran vorbei.

Kapitel I

Aktives Zuhören umfasst:

1. Wiederholen
2. Klären
3. Nachfragen
4. Denkanstoß geben
5. Gefühle ansprechen
6. In Beziehung setzen

Bisher besprochene Gesprächsstörer:

> An dieser Stelle werden regelmäßig
> zu Beginn jeden Kapitels die erklärten
> Gesprächsstörer aufgelistet.

Der Gesprächsstörer Nr.1:

Befehlen, anordnen

Beispiel:

(S = Schüler, LB = Lern-Berater)

S: Die Stunde ist gleich zu Ende.
LB: Darum wiederholen wir nun noch einmal die heutigen Vokabeln!

S: Lohnt doch nicht, es ist doch schon so spät.
LB: Das ist egal, hol dein Vokabelheft und fang an zu lesen.

In alltäglichen Gesprächen kommt die Form des Befehlens eher selten vor, aber im Schul-Unterricht wird dieser Gesprächsstörer sehr häufig verwendet. Das Befehlen ist einer der massivsten Gesprächsstörer. Nicht von ungefähr wird der Befehl in der Armee systematisch eingesetzt, um jegliches Gespräch zu unterbinden, Fragen und Kritik gar nicht erst aufkommen zu lassen. Mit dem Befehl wird jegliche eigenständige kreative Leistungschance vernichtet.
Bitte erinnert euch an eure Kindheit. Die Kindheit ist voll von Befehlen. Ich will das hier gar nicht weiter ausführen. Da kann sich jeder einmal überlegen, wie man selbst auf Befehle reagiert.

Ohne den genannten Gesprächsstörer könnte das Gespräch auch anders verlaufen:

S: Die Stunde ist gleich zu Ende.
LB: Du meinst, die Zeit reicht nicht mehr, um noch einmal die neuen Vokabeln zu wiederholen.
S: Vielleicht, aber irgendwie bin ich ziemlich kaputt.
LB: Du fühlst dich erschöpft.

S: Genau, irgendwie schon. Können wir das Ganze nicht auf das nächste Mal verschieben?

LB: Das können wir machen. Aber wir haben noch gut fünf Minuten. Dann muss ich sowieso gehen.

Jetzt ist der Schüler gefordert, die letzten Minuten sinnvoll zu nutzen. Die Atmosphäre bleibt entspannt. Die Beziehung wird nicht unnötig strapaziert. Unter Zwang gelernte Vokabeln bleiben übrigens nicht lange im Gedächtnis.

Kapitel II

Aktives Zuhören umfasst:

1. Wiederholen
2. Klären
3. Nachfragen
4. Denkanstoß geben
5. Gefühle ansprechen
6. In Beziehung setzen

Bisher besprochene Gesprächsstörer:
- Befehlen, anordnen

Der Gesprächsstörer Nr. 2:

Warnen, drohen

Beispiel:

LB: Wenn du keine Lust hast zu lernen, dann kann ich dir auch nicht helfen, mit der Einstellung wirst du weiterhin Fünfen schreiben und ganz sicher sitzenbleiben.

„Warnen" und „drohen" sollte man aus seinem täglichen Vokabular komplett ausmerzen. Wer meint, sich eine solche Haltung „leisten" zu können, geht in der Regel fälschlicherweise davon aus, Macht über seinen Gesprächs-„Partner" zu haben. Im **Aktiven Zuhören** geht es um das Gegenteil von Macht oder Machtgehabe, nämlich um Verständigung.

Für S ist das Gespräch beendet.

Es sollte auch anders gehen:

Beispiel:

LB: Deine Mutter hat mir gesagt, dass du keine Lust hast zu lernen.
S: Ach die spinnt doch. Daran liegt es nicht.
LB: Du meinst, es liegt an etwas Anderem:
S: Klar. Mir liegt einfach Mathe nicht.

LB: Ok, ich verstehe. Es geht also um Mathe.

Durch die Wiederholung öffnet sich der Schüler und spricht nicht mehr von einer ihm unterstellten Lern-Unlust, sondern von seinem Unwohlsein bezüglich eines besonderen Faches, nämlich Mathematik. Drohungen sind, wie man hier sehr gut erkennen kann, völlig kontraproduktiv. Man findet sie leider allzu oft bei Eltern: „Wenn du so weiter machst, wirst du noch hängenbleiben. Und was soll dann aus dir werden. Usw. …" In der Politik wird allzu häufig gedroht und damit der Weg zu einem Krieg geebnet. Drohungen haben den Anspruch, durchgesetzt zu werden, „Aktives Zuhören" will Verständigung und fördert alle Friedensbemühungen.

Kapitel III

Aktives Zuhören umfasst:

1. Wiederholen
2. Klären
3. Nachfragen
4. Denkanstoß geben
5. Gefühle ansprechen
6. In Beziehung setzen

Bisher besprochene Gesprächsstörer:

- Befehlen, anordnen
- Warnen, drohen

Der Gesprächsstörer Nr. 3:

Verspotten, ironisieren, beschimpfen, Klischees verwenden

Beispiel:

S: Du machst doch nur diese Nachhilfe, weil du Geld dafür kriegst, nicht wahr?
LB: Du hältst dich wohl für besonders schlau. Deine Intelligenz solltest du besser in der Schule unter Beweis stellen.

Das hört sich ganz nach einem Beginn eines Streitgesprächs an. Der Lern-Berater fühlt sich nachvollziehbar massiv angegriffen. Er wehrt sich, indem er die Abwertungsebene sogar noch erhöht. Verspotten und ironisieren verschlimmern nur jede Kommunikation. Ein gegenseitiges Verstehen wird dabei völlig ausgeschlossen. Die Kommunikation wird massiv gestört und ein Beziehungsaufbau behindert. Ein noch so gut gemeinter Nachhilfe-Unterricht kann nicht mehr stattfinden.

Eine mögliche Alternative:

S: Du machst doch nur diese Nachhilfe, weil du Geld dafür kriegst, nicht wahr?
LB: Ja. Du hast recht. Ich bekomme für die Nachhilfe Geld. Ich habe aber das Gefühl, dass es dir gar nicht um das Geld geht.

Der Lern-Berater ist nicht in die Falle der Aggression getappt. Er hat die Kernaussage des Schülers wiederholt und damit signalisiert, dass er ihn verstanden hat. Zusätzlich hat er sein Gefühl zum Ausdruck gebracht, sodass nun der Schüler aufgefordert ist, sich genauer zu erklären und eventuell zu den wahren Gründen zu kommen, die sich hinter seiner Aggression verbergen. Der Lern-Berater hat mit seiner Antwort quasi alle oben genannten Punkte des **Aktiven Zuhörens** angewendet: Wiederholen, Klären, Nachfragen, Denkanstoß geben, Gefühle ansprechen und in Beziehung setzen.

Kapitel IV

Aktives Zuhören umfasst:

1. Wiederholen
2. Klären
3. Nachfragen

4. Denkanstoß geben
5. Gefühle ansprechen
6. In Beziehung setzen

Bisher besprochene Gesprächsstörer:

- Befehlen, anordnen
- Warnen, drohen
- Verspotten, ironisieren, beschimpfen,
  Klischees verwenden

Der Gesprächsstörer Nr. 4:

**Vorwürfe machen, beschuldigen, widerspre-
chen**

Beispiel:

S: Die Schule nervt doch nur, was wir da lernen,
brauchen nie in unserem Leben.
LB: Das glaubst du doch wohl selbst nicht. Du bist
einfach nur zu faul. So lenkst du nur von dir ab
und schiebst anderen die Schuld zu, dass du
nicht klar kommst.

Sicherlich wirst du nicht in dieser Massivität vor-
wurfsvoll sprechen. Mit dieser konstruierten
Antwort eines Lern-Beraters soll insbesondere

verdeutlicht werden, wie gewalttätig die Wolfs-sprache ist. Diese Art der Schuldzuweisung und klischeehafter Verurteilung habe ich allerdings sehr oft gehört, aber meistens von Eltern. Also so weit weg von der Realität sind diese Aussagen gar nicht. Jedenfalls wird deutlich, dass auf diese Äußerungen kein konstruktives Gespräch mehr folgen kann. Es ist innerlich schon „gestorben". Der Gesprächsstörer „Vorwurf" ist tödlich.

Aktives Zuhören sieht dagegen ganz anders aus:

S: Die Schule nervt doch nur, was wir da lernen, brauchen nie in unserem Leben.
LB: Wenn ich dich richtig verstehe, geht dir die Schule wohl ganz schön auf den Zeiger und du willst lieber etwas lernen, was du auch später mal gebrauchen kannst.

LB zeigt, dass er den Schüler verstanden hat, in-dem er die Aussage des Schülers mit eigenen Worten wiederholt. Er versucht vorsichtig, den Sachverhalt zu klären, indem er die negativen Aspekte der Ansicht des Schülers positiv formu-liert und einen Denkanstoß gibt. Der Schüler wird nun darüber nachdenken, was für ihn nützlich sein könnte. Wichtig an dieser Stelle ist aber auch, dass der Lern-Berater nach seiner Ausfüh-rung eine Pause macht und sich nicht sofort zu

Antworten hinreißen lässt. Die Pause ist schwer auszuhalten, aber sie gibt dem Schüler die Gelegenheit, in angemessener Ruhe nachzudenken. Das Gespräch wurde nicht durch Abwertungen zerstört, sondern aufrechterhalten, also zur Erweiterung und Fortführung gelenkt. Man ist eher geneigt, mehr über das Gesagte nachzudenken. Man wird vorsichtiger mit eigenen Behauptungen.

Vorwürfe sind Gesprächsstörer. Sie verleiten den Gesprächspartner, sich zu rechtfertigen. Sie befinden sich auf der Ebene der Beschuldigung und provozieren, dass der andere widerspricht. Es entsteht ein destruktiver Kreislauf. Ein Streit ist vorprogrammiert.

Kapitel V

Aktives Zuhören umfasst:

1. Wiederholen
2. Klären
3. Nachfragen
4. Denkanstoß geben
5. Gefühle ansprechen
6. In Beziehung setzen

Bisher besprochene Gesprächsstörer:

- Befehlen, anordnen
- Warnen, drohen
- Verspotten, ironisieren, beschimpfen, Klischees verwenden
- Vorwürfe machen, beschuldigen, widersprechen

Der Gesprächsstörer Nr. 5:

Lebensweisheiten zum Besten geben

Beispiel:

S: Ich habe überhaupt keine Lust mehr, zur Schule zu gehen.
LB: Jeder Schüler muss zu Schule gehen, wie auch jeder Mensch arbeiten muss.

Erstens ist jede Verallgemeinerung nur zum Teil richtig. Eine Verallgemeinerung ist letztlich wissenschaftlich gesehen eine Abstraktion von Verschiedenem mit einer nicht direkt wahrnehmbaren Gemeinsamkeit. Eine solche Abstraktion beinhaltet dann auch einen neuen Erkenntniswert. Sie ist also an sich sinnvoll. Der Förster sieht nicht nur Eichen, Birken, Tannen und Buchen, sondern sagt „Wald" dazu. Die Verallgemeinerung findet man meist in der Umgangssprache und hat nicht den Zweck, neue Erkenntnisse zu fördern, sondern mithilfe von Teilwahrheiten zu diskriminieren. Es ist dabei auffällig, dass Verallgemeinerungen nie mithilfe von Argumenten oder Belegen untermauert werden, sondern als pure Behauptungen in den Raum gestellt werden.

Die oben ausgeführte Verallgemeinerung ist sogar falsch. Es gibt genug Millionäre, die nicht arbeiten müssen. Aber davon ganz abgesehen. Der obige Lern-Berater geht nicht auf den Gefühlszustand des Schülers ein, sondern geht sogar noch darüber hinweg. Der Schüler kann sich so gar nicht verstanden fühlen, sondern fühlt sich eher abgewertet.

Beim Schüler wird sich Widerstand aufbauen und er wird wahrscheinlich missmutig bis aggressiv darauf reagieren. Jedenfalls wird hier das Gespräch in seinem Fortgang massiv gestört.

Unter Verwendung des **Aktiven Zuhörens** könnte die Antwort des Lern-Beraters auch anders aussehen:

S: Ich habe überhaupt keine Lust mehr, zur Schule zu gehen.
LB: So wie ich dich verstehe, ist die Schule nicht dein Ding. Kannst du dir eine Schule vorstellen, zu der du gerne gehen würdest? Wie sollte sie

aussehen, was müsste sie dir bieten, damit du dich wohl fühlst?

Kapitel VI

Aktives Zuhören umfasst:

1. Wiederholen
2. Klären
3. Nachfragen
4. Denkanstoß geben
5. Gefühle ansprechen
6. In Beziehung setzen

Bisher besprochene Gesprächsstörer:

- Befehlen, anordnen
- Warnen, drohen
- Verspotten, ironisieren, beschimpfen, Klischees verwenden
- Vorwürfe machen, beschuldigen, widersprechen
- Lebensweisheiten zum Besten geben

Der Gesprächsstörer Nr. 6:

Nicht ernst nehmen, widersprechen

Beispiel:

S: Ich habe wirklich gut aufgepasst in der heutigen Mathe-Stunde, aber ich habe nichts kapiert.
LB: Es ist eben noch kein Meister vom Himmel gefallen.

Der Lern-Berater nimmt den Schüler nicht ernst. Er widerspricht sogar dem artikulierten Gefühl des empfundenen Elends. Wie soll denn der Schüler auf einen solchen Satz, eine derartige „Lebensweisheit", reagieren? Der Schüler kann überhaupt nicht ernsthaft oder ehrlich auf diese Behauptung des Lern-Beraters antworten. Er kann nur sauer werden. Für ihn ist das Gespräch nicht nur beendet, sondern es gibt überhaupt kein Gespräch. Mal wieder wird deutlich, dass ein Gesprächsstörer wie „Lebensweisheiten zum Besten zu geben" eine Kommunikation völlig unterbindet.

Mit **Aktivem Zuhören** wird ein guter Lern-Berater die Enttäuschung des Schülers als Chance wahrnehmen und sie aufgreifen, um möglichen Ursachen auf den Grund zu gehen.
Hier noch einmal:
S: Ich habe wirklich gut aufgepasst in der heutigen Mathe-Stunde, aber ich habe nichts kapiert.

LB: Du hast also aufgepasst und trotzdem gar nichts kapiert.

S: Also, gar nichts ist übertrieben, aber als der Lehrer dann mit der Beweisführung anfing, habe ich nichts mehr geschnallt.

Der Lern-Berater hat die Darstellung des Schülers wiederholt und nur einen Begriff zur Klärung hinzugefügt, nämlich „gar nichts". Damit hat er einen Denkanstoß gegeben und nachgefragt, ohne auszufragen. So eröffnete sich dem Lern-Berater die Möglichkeit, an genau diesem einen Punkt gezielt nachzufassen: Die Beweisführung. In der Regel tauchen in einer mathematischen Beweisführung früher erlernte mathematische Begriffe oder Regeln auf, die ein Lehrer als bekannt voraussetzt. Darum werden sie vom Fachlehrer häufig bedenkenlos weiter verwendet. Hier könnte ein Lern-Berater Wissenslücken entdecken und sie dann beseitigen.

Kapitel VII

Aktives Zuhören umfasst:

1. Wiederholen
2. Klären
3. Nachfragen
4. Denkanstoß geben

5. Gefühle ansprechen
6. In Beziehung setzen

Bisher besprochene Gesprächsstörer:

- Befehlen, anordnen
- Warnen, drohen
- Verspotten, ironisieren, beschimpfen, Klischees verwenden
- Vorwürfe machen, beschuldigen, widersprechen
- Lebensweisheiten zum Besten geben
- Nicht ernst nehmen, widersprechen

Der Gesprächsstörer Nr. 7:

Überreden

Beispiel:

S: Wenn ich ehrlich bin, habe ich am Wochenende keine Lust, etwas für die Schule zu machen.
LB: Überlege doch mal. Nächste Woche liegt doch die Mathe-Klassenarbeit an und dann hast du jedes Wochenende frei und kannst machen, was du willst.

Der Schüler merkt sofort, dass der Lern-Berater ihn überreden möchte. Darum wird der Schüler nun Einwände oder Ausreden oder sogar vollständige Ablehnungen verwenden, um das Gespräch in eine andere Richtung zu bringen. Auf jeden Fall wird das Gespräch durch den Überredungsversuch des Beraters gestört, der Fortgang behindert.

Mit dem **Aktiven Zuhören** könnte das Gespräch auch anders verlaufen:
In einem solchen Fall wäre eine fortführende Zusammenfassung eher geeignet, das Gespräch in die angedachte Richtung weiterzuführen. Das könnte zum Beispiel so aussehen:

S: Wenn ich ehrlich bin, hab ich am Wochenende keine Lust, etwas für die Schule zu machen.
LB: Ich versteh dich nur allzu gut, denn du sagst mir deine ehrliche Meinung. Zwar würdest du am Wochenende lieber etwas anderes machen wollen, aber nur nichts für die Schule.
S: Du hast es erfasst. Ich habe ja im Grunde nichts gegen das Lernen, aber gerade an diesem Wochenende trifft sich die ganze Clique am See zum Baden, mit Lagerfeuer und so. Das ist echt geil.
LB: Also, das ist natürlich ein Argument, das kann ich gut verstehen. Auf der einen Seite liegt am

nächsten Freitag diese wichtige Mathe-Arbeit an, auf der anderen Seite die Clique.

S: Können wir die Nachhilfe vielleicht verschieben auf abends, ab Montag, also nach den Schularbeiten? Das könnte ich schaffen.

Kapitel VIII

Aktives Zuhören umfasst:

1. Wiederholen
2. Klären
3. Nachfragen
4. Denkanstoß geben
5. Gefühle ansprechen
6. In Beziehung setzen

Bisher besprochene Gesprächsstörer:

- Befehlen, anordnen
- Warnen, drohen
- Verspotten, ironisieren, beschimpfen, Klischees verwenden
- Vorwürfe machen, beschuldigen, widersprechen
- Lebensweisheiten zum Besten geben
- Nicht ernst nehmen, widersprechen
- Überreden

Der Gesprächsstörer Nr. 8:

Von sich reden

Beispiel:

S: Unser Sportlehrer hat eine Schulmannschaft in Volleyball gegründet. Ich mach da jetzt mit.
LB: Ich war damals auch in einer Schulmannschaft und wir sind sogar Stadtmeister aller Schulen geworden.

Der Schüler hätte so gerne von seinem neuen sportlichen Hobby berichtet, aber das Gespräch wurde dadurch gestört, weil der Lern-Berater anfing, von seinem eigenen Jugendsport zu erzählen.

Wie man auch hier sieht, handelt es sich bei diesem Beispiel um einen Gesprächsstörer, der im ersten Moment als solcher nicht erkannt wird.

In einem zwanglosen Gespräch unter Freunden ist ein solcher Gesprächsstörer auch nicht so bedeutend, weil ein guter Freund die Angeberei seines Gesprächspartners einfach korrigiert und trotzdem von seinem neuen Hobby berichtet.
Im Rahmen aber eines Gesprächs zwischen dem Berater und einem Schüler kann ein solcher Ge-

sprächsstörer im Besonderen die Beziehungsebene belasten. Höre deinem Schüler lieber zu,
meist erfährt man dann mehr über die Lebens-
welt des Schülers als durch direkte, sogenannte
geschlossene Fragen.

Mithilfe des **Aktiven Zuhörens** könnte die Reak-
tion des Lern-Beraters auch anders sein:

S: Unser Sportlehrer hat eine Schulmannschaft in
Volleyball gegründet. Ich mach da jetzt mit.
LB: Du bist ja richtig begeistert.
S: Ja, unser Sportlehrer ist wirklich krass. Der hat
als Student schon in der Regional-Liga gespielt.
Der hat uns alte Fotos gezeigt und morgen ist
schon das erste Training. Er unterrichtet übrigens
auch Französisch. Das kann ich im nächsten Jahr
wählen anstatt Griechisch.

Kapitel IX

Aktives Zuhören umfasst:

1. Wiederholen
2. Klären
3. Nachfragen
4. Denkanstoß geben
5. Gefühle ansprechen
6. In Beziehung setzen

Bisher besprochene Gesprächsstörer:

- Befehlen, anordnen
- Warnen, drohen
- Verspotten, ironisieren, beschimpfen, Klischees verwenden
- Vorwürfe machen, beschuldigen, widersprechen
- Lebensweisheiten zum Besten geben
- Nicht ernst nehmen, widersprechen
- Überreden
- Von sich reden

Der Gesprächsstörer Nr. 9:

Bewerten, kritisieren, loben, zustimmen

Beispiel:

S: Übrigens, ich habe mir von meinem gesparten Taschengeld doch das neue Skateboard gekauft.
LB: Das ist doch sinnlos. Du hast doch schon eins.

Jetzt ist der Schüler gefordert: Er muss sich rechtfertigen, wenn er zu seiner Entscheidung stehen will. Aber diese Abwertung vom Lern-Berater, es sinnlos zu finden, stößt ihn ab und er will sich nicht weiter dazu äußern. Das Gespräch wird beendet.

Dass eine solche Kritik vom Lern-Berater den Fortgang eines Gesprächs riskiert, ist vielen durchaus verständlich. Aber auch **Loben und Zustimmen** kann ein Gespräch gefährden. Wenn der Lern-Berater z. B. sagen würde:
„Das finde ich super. Mit dem neuen Skateboard kannst du sicherlich noch besser fahren."

Auch jetzt würde eine Denkpause entstehen. Wie soll der Schüler auf dieses Kompliment reagieren? Er sagt vielleicht „Ja" und lenkt das Gespräch, wenn er es nicht beendet, zu einem anderen Thema. Hinzu kommt beim Loben noch ein schlechter Beigeschmack: In der Schule wurden nie die Guten gelobt, sondern nur die Schlechten, wenn Sie etwas Gutes hervorgebracht haben. Unterbewusst läuft folgendes Programm ab: Ich werde gelobt, also bin ich eigentlich schlecht. Auf jeden Fall wird auch durch Loben die Fortführung eines Gesprächs gefährdet.

Die Gesprächsstörer „Loben" und „Zustimmen" könnten bei dir Kopfschütteln bewirken. Darum gebe ich an dieser Stelle dazu noch weitere Informationen: Grundsätzlich empfindet der Mensch jede Art von Anerkennung als angenehm. Es ist aber ein interessantes Phänomen, dass Menschen, die gelobt werden, den Sachverhalt mit dem Lob für abgeschlossen halten und das Gespräch beenden.

Es geht hier also nicht um ein generellen Verbieten von loben und zustimmen, sondern um das Bemühen, weiter im Gespräch zu bleiben. Wer dieses Ziel verfolgt, zum Beispiel ein Therapeut oder ein Lehrer, wird „loben" und „zustimmen" vermeiden und bessere sprachliche Möglichkeiten nutzen, sowohl das Gespräch fortzuführen als auch die Beziehungsebene nicht zu belasten. Denn wer lobt, überhebt sich über den anderen. Die gleichberechtigte Ebene der Augenhöhe wird verlassen und durch eine Hierarchie ersetzt. Diese Hierarchie - durch das Lob verursacht, wird unterbewusst als eine gewisse Abwertung wahrgenommen, die die Beziehung belastet und im gleichen Zuge dazu führt, das Gespräch zu beenden. Aber was sind die alternativen sprachlichen Mittel, um ein Gespräch nicht unnötig zu belasten: Anstelle eines Lobes ist es für das Gespräch und die Anerkennung des anderen von Vorteil, wenn der Gesprächspartner - hier der Schüler - die Bestätigung erfährt, dass sein Verhalten **richtig** war. Nicht: „Oh, das hast du prima gemacht!" Sondern: „Das hast du **richtig** gemacht." Der Schüler hat zum Beispiel das Wort **richtig** übersetzt, die Mathe-Aufgabe **richtig** gelöst usw. Der

Schüler wird anerkannt, fühlt sich bestätigt und gut, ohne dass das Gespräch beendet wird oder die Beziehung zum Berater leidet.

Im **Aktiven Zuhören** könnte die Antwort also auch anders ausfallen:

S: Übrigens, ich habe mir von meinem gesparten Taschengeld doch das neue Skateboard gekauft.
LB: Ich kann dir ansehen, wie du dich über das neue Brett freust.

Kapitel X

Aktives Zuhören umfasst:

1. Wiederholen
2. Klären
3. Nachfragen
4. Denkanstoß geben
5. Gefühle ansprechen
6. In Beziehung setzen

Bisher besprochene Gesprächsstörer:

- befehlen, anordnen
- warnen, drohen
- verspotten, ironisieren, beschimpfen, Klischees verwenden

- Vorwürfe machen, beschuldigen, widersprechen
- Lebensweisheiten zum Besten geben
- nicht ernst nehmen, widersprechen
- überreden
- von sich reden
- bewerten, kritisieren, loben, zustimmen

Der Gesprächsstörer Nr. 10:

**Vorschläge machen, Lösungen anbieten, analy-
sieren, moralisieren**

Beispiel:

S: Nach der Schule fühle ich mich immer ziemlich
kaputt, wie erschlagen.
LB: Du solltest einfach mal eher ins Bett gehen.

Mit dieser Antwort wurden in einem einzigen
Atemzug gleich mehrere Gesprächsstörer verwendet: Dieser Vorschlag ist meines Erachtens
sogar unverschämt. Die vorgeschlagene Lösung
ist keine. „Analysieren" und „moralisieren" beenden jede Kommunikation, denn sie werten nur
ab, fördern in keiner Weise irgendwelche sinnvollen Erkenntnisse.

Vorschläge machen, Lösungen anbieten, analysieren, moralisieren, das sind absolute Gesprächsstörer. Leider finden sie in der Wolfssprache sehr häufig Verwendung. Viele Menschen gebrauchen sie unbewusst und unreflektiert in dem vermeintlichen Glauben, dem jeweiligen Gesprächspartner zu helfen. Dabei erreichen sie genau das Gegenteil und wundern sich, dass sich der Gesprächspartner davon nichts annimmt und sich abwendet.

Mit dem **Aktiven Zuhören** versucht dagegen der Lern-Berater, einem Schüler zu helfen, selbst zu erkennen, warum er sich nach der Schule wie erschlagen fühlt. Nur über eine Selbsterkenntnis bzw. einer Selbstkritik hat der Schüler die Chance, die Ursachen zu sehen und zu schreiben. Nur über diesen Weg ist er in der Lage, die Umstände angemessen zu ändern und zu verbessern.

S: Nach der Schule fühle ich mich immer ziemlich kaputt, wie erschlagen.
LB: Hast du immer, wenn du aus der Schule kommst, das Gefühl, so ausgelaugt und erschöpft zu sein?
S: Erst seit einiger Zeit. Früher habe ich nichts gespürt. Da hatte ich auch weniger Hausaufgaben auf. Und wenn ich daran denke, dass ich den

ganzen Nachmittag am Schreibtisch sitzen muss
...

Hier hat der Lern-Berater seinen Schüler ernst genommen, vorsichtig nachgefragt und gleichzeitig einen Denkanstoß gegeben, der helfen sollte, die angesprochene Situation zu klären. Nun sind beide in der Lage, Lösungen des Problems zu entwickeln. Das Gespräch kann fortgesetzt werden, die Beziehungsebene wurde sogar gefestigt.

Vorschläge zu machen, wird im Alltag als normal empfunden, manchmal sogar als konstruktiv. In einem Forschungsteam ist es auch erwünscht, in einem Gespräch
Ist es aber ein Gesprächsstörer. Auch Vorschläge sind Schläge.

Kapitel XI

Aktives Zuhören umfasst:

1. Wiederholen
2. Klären
3. Nachfragen
4. Denkanstoß geben
5. Gefühle ansprechen
6. In Beziehung setzen

Bisher besprochene Gesprächsstörer:

- befehlen, anordnen
- warnen, drohen
- verspotten, ironisieren, beschimpfen, Klischees verwenden
- Vorwürfe machen, beschuldigen, widersprechen
- Lebensweisheiten zum Besten geben
- nicht ernst nehmen, widersprechen
- überreden
- von sich reden
- bewerten, kritisieren, loben, zustimmen
- Vorschläge machen, Lösungen anbieten, analysieren, moralisieren

---

Der Gesprächsstörer Nr. 11:

Ausfragen

Beispiel:

S: Ich möchte so gerne Gitarre spielen lernen. Aber ich schaffe es einfach nicht.
LB: „Wie häufig übst du denn?"

Wer will schon ausgefragt werden? Es ist in der Wolfssprache üblich, immer so zu fragen, dass man bei nachträglicher Kritik behaupten kann: Ich habe doch nur gefragt und nichts bewertet. Aber zwischen „fragen" und „ausfragen" ist ein himmelweiter Unterschied. „Fragen" oder besser gesagt „nachfragen" zeigt, dass der Fragende interessiert ist und er befördert so das Gespräch in den Bereich von Hintergründen oder Ursachen. Das Nachfragen oder auch Nachfassen hilft dem Schüler, über sich oder sein ureigenes Problem nachzudenken. Jede mögliche Antwort auf die Frage: „Wie häufig übst du denn?" hilft dem Schüler nicht, einer Ursache näher zu kommen. Der Schüler fühlt sich eher in eine Ecke gedrängt. Denn die Häufigkeit ist ja nicht sein Problem. Er muss sich also missverstanden fühlen und wird das Thema wechseln.

Aktives Zuhören, das den Sinn hat, das Gespräch weiter zu führen, müsste anders aussehen. Man sollte das Gehörte mit eigenen Worten widergeben und versuchen, die dahinter verborgenen Gefühle ansprechen:

Hier noch einmal:
S: Ich möchte so gerne Gitarre spielen lernen. Aber ich schaffe es einfach nicht.
LB: Der Umgang mit der Gitarre macht dir Spaß, das spüre ich, aber das Üben ist sehr mühsam für dich. Hast du das Problem schon einmal mit ei-

nem Gitarren-Lehrer besprochen? (Wiederholen, Gefühle ansprechen, nachfragen, Denkanstoß geben, in Beziehung setzen)

Kapitel XII

Aktives Zuhören umfasst:

1. Wiederholen
2. Klären
3. Nachfragen
4. Denkanstoß geben
5. Gefühle ansprechen
6. In Beziehung setzen

Bisher besprochene Gesprächsstörer:

- befehlen, anordnen
- warnen, drohen
- verspotten, ironisieren, beschimpfen, Klischees verwenden
- Vorwürfe machen, beschuldigen, widersprechen
- Lebensweisheiten zum Besten geben
- nicht ernst nehmen, widersprechen
- überreden
- von sich reden
- bewerten, kritisieren, loben, zustimmen

- Vorschläge machen, Lösungen anbieten, analysieren, moralisieren
- Ausfragen

Der Gesprächsstörer Nr. 12:

Herunterspielen

Beispiel

S: Ich hab Pech gehabt, ich habe schon wieder die Mathe-Arbeit verhauen.
LB: Nur nicht den Mut verlieren. Ach, das geht doch vielen so, das nächste Mal wird's schon klappen.

Oft wird das „Herunterspielen" wird im Alltag nicht als Gesprächsstörer wahrgenommen und fälschlicherweise als Mitgefühl interpretiert. Ein „Herunterspielen" geht aber nicht auf den Gesprächspartner ein, sondern lässt ihn quasi im Regen stehen und hemmt ihn, auf sein Gesagtes näher einzugehen. Der Gesprächspartner ist eher geneigt, das Gespräch zu beenden, weil er das Gefühl hat, nicht verstanden oder ernstgenommen zu werden.

Im **Aktiven Zuhören** gibt es unendlich viele Möglichkeiten, auf eine solche Aussage zu reagieren:

S: Ich hab Pech gehabt, ich habe schon wieder die Mathe-Arbeit verhauen.
LB: Das belastet dich, wie ich sehe. Was willst du jetzt machen?
Oder:
LB: Ich verstehe, dass du jetzt niedergeschlagen und enttäuscht bist. Was meinst du? Hast du noch die Kraft, dass wir uns die Arbeit noch einmal in Ruhe ansehen und schauen, wo genau die Fehler sind.
Oder:
Du hast die Mathe-Arbeit vergeigt. Was schlägst du vor, was wir als erstes tun sollen?

Kapitel XIII

Aktives Zuhören umfasst:

1. Wiederholen
2. Klären
3. Nachfragen
4. Denkanstoß geben
5. Gefühle ansprechen
6. In Beziehung setzen

Bisher besprochene Gesprächsstörer:

- befehlen, anordnen
- warnen, drohen
- verspotten, ironisieren, beschimpfen, Klischees verwenden
- Vorwürfe machen, beschuldigen, widersprechen
- Lebensweisheiten zum Besten geben
- nicht ernst nehmen, widersprechen
- überreden
- von sich reden
- bewerten, kritisieren, loben, zustimmen
- Vorschläge machen, Lösungen anbieten, analysieren, moralisieren
- ausfragen
- herunterspielen

Der Gesprächsstörer Nr. 13:

Ursachen aufzeigen, Hintergründe deuten, in die „Schublade stecken"

Beispiel:

S: Ich glaube, dass mich meine Klassenkameraden nicht mehr so mögen und mir sogar neuerdings aus dem Wege gehen.

LB: Ja, ja – das ist mal wieder typisch. Nur weil die anderen merken, dass du fleißig geworden bist, stempeln sie dich zum Streber ab.

Der Lern-Berater geht überhaupt nicht auf die Aussage des Schülers ein, sondern gibt eine eigene Deutung zum Besten, die zufälligerweise passen kann, aber eher selten stimmt.

Nach einer solchen Antwort des Beraters weiß der Schüler auch nicht mehr. Er wird das Thema wechseln und das Gespräch mit diesem Inhalt beenden. Dabei wäre es gerade in einer derartigen Situationserfassung besonders wichtig auf das Lernumfeld des Schülers einzugehen, da er hier Klärung und Unterstützung einfordert. Er hat ein Problem angesprochen, mit dem er nun alleine zurückgelassen wird. Sein Vertrauen zu Lern-Berater hat gelitten und die Beziehung zu ihm wurde beschädigt.

Eine mögliche Alternative bietet auch hier das **Aktive Zuhören:**

S: Ich glaube, dass mich meine Klassenkameraden nicht mehr so mögen und mir sogar neuerdings aus dem Wege gehen.

LB: Deine Mitschüler gehen dir aus dem Wege?

S: Nicht so richtig. Aber ich zeige jetzt häufiger auf und dann schauen die mich so merkwürdig an. Ich tu dann so, als wenn ich das gar nicht sehen würde.

Eine bewusste Wiederholung, eingebettet in eine Frage reicht in solch einem Fall schon aus, um das Gespräch fortzusetzen und dem Schüler selbst die Erkenntnis zu überlassen, die neue Situation zu verstehen und mit ihr umzugehen.

Mein Anliegen

Liebe Leserinnen und Leser,
bitte übt die Formulierungen, hört genau hin, was und wie jemand etwas sagt. Hört euch Gespräche in der Familie, im Freundeskreis, in Krimis an oder verfolgt Interviews.
Gebraucht jemand Gesprächsstörer und bedient sich fast nur der Wolfssprache oder spricht er empathisch, authentisch, ehrlich und offenherzig? Welche Formulierungen gebraucht er?
Lernen kann und muss man immer und die Beratungsgespräche werden immer besser.
Ich möchte zum Schluss noch einmal explizit darauf hin weisen, dass man diesen kleinen Leitfaden immer wieder zur Hand nehmen sollte, nach einigen Wochen, Monaten oder auch Jahren.

Wenn ihr das hier vorgestellte **Aktive Zuhören** anwendet und immer weiter internalisiert, werdet ihr Veränderungen feststellen, aber nicht nur bei euch, sondern auch bei euren Gesprächspartnern. Die Sprache ist d a s menschliche Medium an sich, aber nur die allerwenigsten können mit der Sprache richtig umgehen. Häufig verstehen viele Menschen nicht einmal, was sie wie sagen. Sie verwenden am laufenden Band Gesprächsstörer und wundern sich, dass es immer und immer wieder Streit gibt und geben anderen dann die Schuld. Wer aber gelernt hat, Gesprächsstörer zu vermeiden und Gesprächsförderer zu nutzen, schafft Verständigung und Frieden. Unsere Großeltern lagen noch in den Schützengräben und schossen auf Franzosen. Heute gibt es den deutsch-französischen Schüleraustausch. Deutsche Jugendliche lernen Französisch, französische Jugendliche Deutsch. Es gibt Psychologen, die Menschen eine besondere emotionale Intelligenz zusprechen, die im Wesentlichen Sprachförderer gebrauchen. Das ist m- E. eine sehr schöne Bestätigung des „Aktiven Zuhörens". Aggressive und destruktive Menschen glauben manchmal, dass solche Menschen schwach seien. Aber genau das Gegenteil ist der Fall. Sie wehren sich nur nicht auf dieser niedrigen Stufe der Kommunikation, der Wolfssprache. Es ist von Vorteil, die Sprache an sich zu beherrschen, damit man im Notfall auch in der Lage ist, mithilfe von sprachlichen Mitteln, jemanden in die Schranken zu weisen oder das Gespräch bewusst zu beenden. Es gibt leider viel zu viele Menschen, die nur die Wolfssprache benutzen. Man kann diese Menschen nicht ändern, aber man kann sie an ihrer Sprache erkennen und eigene Konsequenzen ziehen. Seit fast 40 Jahren beschäftige ich mich mit der Sprache an sich und im Besonderen mit dem Aktiven Zuhören. Manche Sätze in diesem Büchlein sind Resultate tiefgreifender Erfahrungen und Erkenntnisse und daher sehr ernst gemeint.

Alle Gesprächsstörer noch einmal im Überblick:

- befehlen, anordnen

- warnen, drohen

- verspotten, ironisieren, beschimpfen, Klischees verwenden

- Vorwürfe machen, beschuldigen, widersprechen

- Lebensweisheiten zum Besten geben

- nicht ernst nehmen, widersprechen

- überreden

- von sich reden

- bewerten, kritisieren, loben, zustimmen

- Vorschläge machen, Lösungen anbieten, analysieren, moralisieren

- ausfragen

- herunterspielen

- Ursachen aufzeigen, Hintergründe deuten, in die „Schublade stecken"

-

Gesprächsförderer

Allgemeine Beispiele

1. Wiederholen, umschreiben, zusammenfassen, Gefühle in Beziehung setzen

A: Eigentlich will ich mir schon lange ein neues Smartphone kaufen, andererseits würde ich gern dieses Jahr eine größere Reise unternehmen. Ich bin mir da sehr unschlüssig.

B: Du kannst dich gerade nicht zwischen dem Handy und der Reise entscheiden.

2. Klären

A: Kommende Woche habe ich bereits meine nächste Prüfung, und es ist vollkommen unmöglich, dass ich den ganzen Stoff noch bewältigen kann. Aber diesmal muss ich es einfach schaffen.

B: Wenn ich dich richtig verstehe, glaubst du, dass du es kaum noch schaffst.

3. Nachfragen

A: Bei uns in der Klasse herrscht seit einiger Zeit ein sehr schlechtes Lernklima.

B: Ich kann mir das noch nicht richtig vorstellen, könntest du es mir etwas genauer ausführen?

4. Weiterführen, Denkanstoß geben

A: Mein Vater hat am Wochenende 60. Geburtstag und ich wollte eigentlich nach Hause fahren. Jetzt hat sich aber ein Schulfreund angekündigt, der mich genau an diesem Wochenende besuchen möchte und den ich jahrelang nicht gesehen habe. Nun sitze ich richtig zwischen den Stühlen.

B: Ich frage mich, wie viel dir an dem Schulfreund liegt.

5. Gefühle ansprechen

A: Ich habe mich so auf das Fest gefreut und jetzt sitzen wir nur alle rum und es ist langweilig.

B: Du bist jetzt ganz enttäuscht.

6. In Beziehung setzen

A: Ich habe die Möglichkeit, zum Skifahren zu gehen und weiß, dass ich Erholung dringend nötig hätte, aber es ist ein ziemlich kostspieliges Vergnügen.
B: Einerseits benötigst du Erholung, möchtest aber auch nicht so viel Geld ausgeben.

für das Aktive Zuhören

im kognitiven Bereich

wenn ich dich richtig verstehe, dann
meinst du, dass …
glaubst du, dass …
überlegst du, ob …
zweifelst du, ob …
bist du dich nicht ganz sicher, dass …
möchtest du gerne wissen, dass …
zerbrichst du dir den Kopf darüber, dass …
kannst du dir vorstellen, dass …
scheint sich in dieser Richtung die Lösung anzu-
bieten …
suchst du nach Gründen für …

nachfragen – klären

ich habe noch nicht richtig verstanden, ob …
geht es darum, dass …
ist es so, dass …
was möchtest du genau wissen …

im emotionalen Bereich

hast du das Gefühl, dass ...
ärgerst du dich, weil ...
du möchtest am liebsten alles hinschmeißen ...
du denkst, du schaffst es nicht ...
du bist ganz entmutigt ...
du möchtest gerne, dass ...

am liebsten würdest du ...
du hoffst, dass ...
du kannst dich nicht entschließen ...
das regt dich jetzt sehr auf ...
manchmal träumst du noch davon ...
so etwas denkst du oft ...
das kannst du gar nicht verstehen ...
das gefällt dir gar nicht ...
darüber wunderst du dich ...
das findest du schrecklich ...
das findest du komisch ...
das beschäftigt dich ...
jetzt bist du froh, dass
du möchtest nicht, dass ...
du machst dir Sorgen, weil ...
du bist enttäuscht, weil ...
du bist frustriert, weil ...

- (1) Zitat aus: Die WELT in Zeit-Online 2021 zum Thema Schulnoten)
- (2) Hans-Georg Gadamer (* 11. 02. 1900 in Marburg; † 13. März 2002 in Heidelberg) war ein dt. Philosoph. International bekannt wurde er durch sein für die philosophische Hermeneutik, grundlegendes Werk: Wahrheit und Methode (1960).
- (3) Carl R. Rogers: *Die nicht direktive Beratung.* Counselling and Psychotherapy, Boston 1942. (München 1972, ISBN 3-463-00535-2) Kindler Studienausgabe
- Carl R. Rogers: *On becoming a person.*
  - deutsch: *Entwicklung der Persönlichkeit. Psychotherapie aus der Sicht eines Therapeuten.* übers. von Jacqueline Giere. 13. Auflage. Klett-Cotta, Stuttgart 2000, ISBN 3-608-95197-0. (2006, ISBN 3-608-94367-6) das Standardwerk
- Carl R. Rogers: *Partnerschule. Zusammenleben will gelernt sein – das offene Gespräch mit Paaren und Ehepaaren.* Fischer-Verlag, 1991, ISBN 3-596-42236-1.
- Carl R. Rogers: *Der neue Mensch.* 5. Auflage. Klett-Cotta, 1993, ISBN 3-608-95230-6. Alterswerk Rogers

- Carl R. Rogers: *Lernen in Freiheit. Zur Bildungsreform in Schule und Universität.* Kösel-Verlag, München 1984, ISBN 3-466-42042-3.
- Carl R. Rogers: *Gespräch mit Martin Buber.* 1957, genaue Fundstelle siehe dort
- Carl R. Rogers, Barry Stevens: *Person to Person.* Real People Press, 1967.
  - deutsch: *Von Mensch zu Mensch. Möglichkeiten, sich und anderen zu begegnen.* Junfermann, Paderborn 1984; Neuauflage Peter Hammer Verlag, Wuppertal 2001, ISBN 3-87294-873-3.
- Carl R. Rogers: *A Theory of Therapy, Personality.*
  - deutsch: *Eine Theorie der Psychotherapie.* 1. Auflage. Reinhardt Ernst, ISBN 3-497-01990-9.

- Beate Brüggemeier: *Wertschätzende Kommunikation im Business.* Junfermann, Paderborn 2010, ISBN 978-3-87387-750-4.
- (4) Marshall B. Rosenberg: *Gewaltfreie Kommunikation.* 11. überarb. und erw. Auflage. Junfermann, Paderborn 2013, ISBN 978-3-87387-454-1.

- Marshall B. Rosenberg, Gabriele Seils: *Konflikte lösen durch Gewaltfreie Kommunikation. Ein Gespräch mit Gabriele Seils.* 5. Auflage, Verlag Herder, Freiburg/Basel/Wien 2005, ISBN 3-451-05447-7.
- Marshall B. Rosenberg: *Die Sprache des Friedens sprechen.* Junfermann, Paderborn 2006, ISBN 3-87387-640-X.
- Marshall B. Rosenberg: *Das können wir klären!* 2. Auflage, Junfermann, Paderborn 2007, ISBN 978-3-87387-568-5.
- Marshall B. Rosenberg: *Erziehung, die das Leben bereichert. Gewaltfreie Kommunikation im Schulalltag.* 3. Auflage, Junfermann, Paderborn 2007, ISBN 978-3-87387-566-1.
- Andreas Basu, Liane Faust: *Gewaltfreie Kommunikation.* 2. Auflage, Haufe, Freiburg 2013, ISBN 978-3-648-04700-2.
- Klaus-Dieter Gens: *Mit dem Herzen hört man besser. Einladung zur Gewaltfreien Kommunikation.* Junfermann, Paderborn 2007, ISBN 978-3-87387-667-5.
- Ingrid Holler und Vera Heim: *Konflikt-Kiste. Konflikte erfolgreich lösen mit der Gewaltfreien Kommunikation.* Junfermann, Paderborn 2005, ISBN 3-87387-597-7.

- Wayland Myers: *Die Grundlagen der Gewaltfreien Kommunikation.* Junfermann, Paderborn 2006, ISBN 3-87387-621-3.
- Karoline I. Bitschnau: *Gewaltfreie Kommunikation als relationale und soziale Kompetenz.* Empirische Studie zur Qualität zwischenmenschlicher Verständigung, Dissertation Universität Innsbruck 2007.
- Julia Döring: *Gewalt und Kommunikation.* Essener Studien zur Semiotik und Kommunikationsforschung, Bd. 29. Shaker, Aachen 2009, ISBN 978-3-8322-8661-3.
- Gewaltfreie Kommunikation: Eine Sprache des Lebens Taschenbuch – 20. September 2016, Junfermann Verlag; 12. Edition (20. September 2016).

Suchwörter bei Youtube:

- Aktives Zuhören
- Gewaltfreie Kommunikation

Kleine Kontrollaufgabe:

Wie lauten denn noch mal die 5 Elemente des Aktiven Zuhörens?

1. ………………………………..

2. ………………………………..

3. ………………………………..

4. ………………………………..

5. ………………………………..

6. ………………………………..

Weitere Bücher von Dieter Reinecker:

- 2020, 2021 ... Warum?: Wer nicht fragt, bleibt ...
(Wege zur Philosophie)
ISBN: 978-3753439976

- Und Eva sagte: (Romanhaftes Sachbuch)
Biblische Geschichten für Erwachsene
(Mose 1-5)
- ISBN: 978-3738629118

- „Kompanie: Die Augen links" (Roman)
Vom Rekruten zum Revolutionär
Autobiografie
ISBN: 978-3744817257

- Rückkehr in die Ewigkeit
(Roman)
ISBN: 978-3734793097

- Wie ich die Dialyse fünf Jahre hinauszögerte ...
(Autobiografie und Sachbuch)
ISBN: 978-3739223476

Das könnte auch noch interessant sein:

www.beate-reinecker.de
(Philosophische Literatur, Essays zu Ethik)